LESSON 1

言葉《ことば》の意味《いみ》 ①

月　日
とく点　　点／合かく35点

● 読んで、答えましょう。

「ようい、どん。」

先生の合図で、クラスの男子全員《ぜんいん》、①いっせいに走りました。けんたも負けないように②必死《ひっし》に走りました。でも足のおそいけんたは後ろから数えた方が早いくらいです。五〇メートルはあっという間に終《お》わってしまいました。

「くそっ。毎日たくさん走っているのに、どうして足が早くならないいんだろう…。」

いっしょうけんめい走ったけんたの③ひざはわらっていました。

(1) ——①の意味《いみ》[illegible]よう。（15点）

ア そろって　イ [illegible]こに　ウ まっすぐ

[　　]

(2) ——②の意味をえ[illegible]。（15点）

ア いきおいよく　イ 楽しく　ウ 全力《ぜんりょく》で

[　　]

(3) ——③の様子《ようす》をえらびましょう。（20点）

ア 楽しい様子
イ つかれている様子
ウ くやしい様子

[　　]

答えは91ページ

やってみよう

次《つぎ》の文の主語《しゅご》には——を、述語《じゅつご》には══を引こう。

① ぼくは、弟と　いっしょに　学校へ　行った。

② 夕食は、ぼくの　すきな　カレーライスだ。

③ わたしの　すきな　科目は　体育《たいいく》だ。

④ ねつが　出た　妹は、今日　学校を　休んだ。

⑤ ずっと　つぼみだった　花が、やっと　さいた。

答えは91ページ

LESSON 2

言葉《ことば》の意味《いみ》②

月　日

とく点

点　合かく40点

●読んで、答えましょう。

夏になると①耳ざわりなくらい聞こえるセミの声。でもよく聞いてみると、②鳴き方は一つだけではありません。ミーンミーン、ツクツクボーシツクツクボーシ……。いろいろな声が聞こえます。どれくらいの声があるのでしょうか。

セミは、げんざい世界《せかい》に約《やく》一六〇〇しゅるいいます。そのうち日本には約三〇しゅるいいます。そして、しゅるいによって鳴き方も③さまざまで、一〇しゅるいいれば一〇通りの鳴き方があるわけです。

(1) ――①の意味《いみ》をえらびましょう。（20点）

ア　ここちよくない

イ　きょうみ深《ぶか》い

ウ　すてきな

［　　］

(2) ――②のここでの意味をまとめましょう。（10点）

一〇しゅるいいれば［　　］通りの鳴き方がある。

(3) ――③の意味をえらびましょう。（20点）

ア　のびのびで

イ　いろいろで

ウ　ごちゃまぜで

［　　］

答えは91ページ

やってみよう

次《つぎ》の文の＝＝の言葉《ことば》をくわしくしている言葉に――を引こう。

① とても　おもしろい　本を　見つけた。

② 池に　うすい　氷《こおり》が　はる。

③ わたしは　いそがしい　母を　てつだう。

④ ほしかった　服《ふく》を　手に　入れた。

⑤ ぼくは、花屋《はなや》で　赤い　花を　買った。

くわしくする言葉を「修飾語《しゅうしょくご》」というよ。

答えは91ページ ☞

LESSON 3

こそあど言葉《ことば》をおさえる ①

月　日
とく点
点　合かく40点

● 読んで、答えましょう。

「ほら見て。」

ひなこはだいじにふさいでいた両《りょう》手《て》をそっと開《あ》けました。①そこにはたくさんのどんぐりの実《み》がありました。

「②森で拾《ひろ》ったの。」

おかあさんには③それをどこで拾ったのか聞き取れませんでした。そこで、

「④で拾ったって？」

「ほら、学校のうらにある森。ここからだと向《む》こうの方でしょ。」

(1) ①が指《さ》すものをえらびましょう。（10点）

ア たから物《もの》をかくしている森

イ ひなこの両手の中

ウ 家から向こうにある森

［　　］

(2) ②は具体的《ぐたいてき》にはどこの森ですか。（20点）

［　　］森。

(3) ③は何を指していますか。（10点）

［　　］

(4) ④に入る言葉《ことば》を、二字でぬき出しましょう。（10点）

［　　］

答えは91ページ ☞

やってみよう

✿ 次《つぎ》の文の――の言葉《ことば》がくわしくしている言葉に＝＝を引こう。

① この　かばんは、とても　軽《かる》い。

② 運動会《うんどうかい》に　家族《かぞく》が　全員《ぜんいん》　来る。

③ ぼくは、おばあちゃんに　電話を　かけた。

④ やっと　ぼくの　番が　きた。

⑤ 急《きゅう》に　雨が　ざあざあ　ふる。

答えは91ページ ☞

LESSON 4

こそあど言葉《ことば》をおさえる②

月　日

とく点　　点　合かく40点

●読んで、答えましょう。

日本には四季《しき》があります。①四季とは、春、夏、秋、冬といったこれら四つのきせつのことです。日本では、春のさくら、夏の強い日ざし、秋のこうよう、冬の雪といったさまざまな風景《ふうけい》が見られます。②このような風景が楽しめるのは四季のおかげなのです。また、ひな祭《まつ》り、七夕、十五夜、お正月といったきせつごとの行事《ぎょうじ》もわたしたちの楽しみの一つです。③この行事には、それぞれのきせつにちなんだ意味《いみ》があります。④それを知ることで昔《むかし》の人の思いにふれられるかもしれません。

---

(1) ——①は何を指《さ》していますか。（20点）

「　　」

(2) ——②にあてはまるものを二十四字でさがして、はじめと終《お》わりの三字をぬき出しましょう。（10点）

□□□～□□□

(3) ——③は何を指していますか。（10点）

「　　」の行事。

(4) ——④が指すものをえらびましょう。（10点）

ア　四季のいろいろな風景

イ　きせつにちなんだ意味

ウ　昔の人の思い

「　　」

答えは91ページ

やってみよう

✿ 次《つぎ》の——の漢字《かんじ》の読み方を書こう。

① はさみを使う。〔　　　〕

② 理由を聞く。〔　　　〕

③ 新しく発売される。〔　　　〕

④ 品物をならべる。〔　　　〕

⑤ 空の様子を見る。〔　　　〕

⑥ 筆で書く。〔　　　〕

⑦ 木の実を食べる。〔　　　〕

⑧ まどを開ける。〔　　　〕

答えは91ページ ☞

つなぎ言葉《ことば》をおさえる ①

月　日

とく点

点 合かく40点

● 読んで、答えましょう。

さとしはどろだらけでした。

[①]、どろだらけで走って、ころんで、走って、ころんで、また走って……。

家に帰るとすぐ庭《にわ》に行き、虫かごを手に取《と》りました。[②]、虫かごに水を入れて、つかまえたザリガニを虫かごに入れました。そうです。さとしはザリガニつりに行っていたのです。[③]、どろだらけになっていたのです。さとしは虫かごの中のザリガニをうれしそうに見ました。けれど、ザリガニは[④]。

(1) [①]に入る言葉《ことば》をえらびましょう。(10点)

ア つまり　イ さて

ウ でも

[　　]

(2) [②]・[③]に入る言葉をえらびましょう。(20点)一つ10

ア なぜなら　イ だから

ウ そして　エ ところが

② [　　]　③ [　　]

(3) [④]に入る言葉をえらびましょう。(20点)

ア 元気に泳《およ》いでいました

イ ぴくりとも動きません

ウ うれしそうです

[　　]

答えは91ページ ☞

やってみよう

次《つぎ》の□に漢字《かんじ》を書こう。

① □□《しょうだん》の場を□《ととの》える。

② □□《びょういん》でもらった薬《くすり》を□《の》む。

③ □□《やきゅう》の試合《しあい》に□《か》つ。

④ □《かる》い□□《にもつ》をえらぶ。

⑤ □□□《のうさくぶつ》を□《はこ》ぶ。

①の「しょうだん」は、しょうばいのそうだんをすることだよ。

答えは91ページ

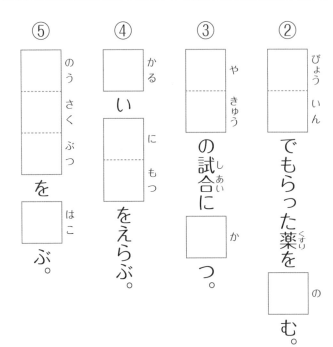

LESSON 6 つなぎ言葉《ことば》をおさえる ②

月　日

とく点　　点　合かく40点

● 読んで、答えましょう。

二〇一一年に大きなさいがいが起《お》こりました。東日本大しんさいです。これをきっかけに日本はさいがいに対《たい》して日ごろからのさいがい対策《たいさく》を強くすすめています。

①たとえば、ぼうさい訓練《くんれん》。［②］、ぼうさいグッズをそなえること。③さいがい対策は、いざさいがいが起こったときに落《お》ち着いて行動ができる重要《じゅうよう》な対策です。いわば、命《いのち》の対策なのです。

［④］、さいがい対策は真《しん》けんに取《と》り組むべきだと言えます。

(1) ——①は何に対してのれいをあげたものですか。（10点）

［　　　　］

(2) ［②］に入る言葉《ことば》をえらびましょう。（10点）

ア また　イ しかし　ウ さて

［　　　　］

(3) ——③を言いかえた言葉を答えましょう。（20点）

［　　　　］

(4) ［④］に入る言葉をえらびましょう。（10点）

ア なぜなら　イ でも　ウ だから

［　　　　］

答えは91ページ

やってみよう

次《つぎ》の□に漢字《かんじ》を書こう。

① □□《えきまえ》の□□《ほんや》へ行く。

② □《にわ》の木を□《そだ》てる。

③ □□□《じてんしゃ》に□《の》って出かける。

④ 大きな□《さら》を□□《しよう》する。

⑤ □□□《いいんかい》を□《ひら》く。

④の「さら」は、「はなぢ」の「ぢ」と形がにているので注意《ちゅうい》しよう。

答えは91ページ

LESSON 7

場面《ばめん》を読み取《と》る

月　日
とく点
点／合かく40点

●読んで、答えましょう。

キツネの子は一人ぼっちでした。寒《さむ》い日も暑《あつ》い日も、もうお母さんはいません。キツネの親子はいつもいっしょにいました。①あの日、キツネのお母さんがりょうしにつかまるまでは……。

春の陽気《ようき》が心地《ここち》いい日、いつものようにキツネの親子は野原でかけまわっていました。やさしいお母さんに見守《みまも》られて、キツネの子は本当に幸《しあわ》せでした。するととつぜん、②「バーン」という音がしたかと思うと、お母さんはたおれたのです。

(1) ——①のきせつはいつですか。（10点）

［　　　］

(2) ——②とは何の音ですか。（10点）

ア りょうしが来た音

イ 花火の音

ウ じゅうの音

［　　　］

(3) 次《つぎ》の内容《ないよう》は、一段落《だんらく》と二段落のどちらに書かれていますか。（30点）一つ15

一人きりになった理由《りゆう》　［　　　］段落

一人きりのキツネの子　［　　　］段落

答えは92ページ ☞

やってみよう

次《つぎ》の絵が表《あらわ》す漢字《かんじ》を答えよう。

①

〔　　　〕

②

きゃ　きゃ
きゃ　きゃ
きゃ　きゃ
きゃ　きゃ
きゃ

〔　　　〕

③

〔　　　〕

④

ほ　ほ
ほ　ほ

〔　　　〕

②④「きゃ」と「ほ」はそれぞれいくつあるかな。

答えは92ページ ☞

LESSON 8

あらすじをつかむ

月　日

とく点　　点　合かく40点

●読んで、答えましょう。

「やったー。晴れた。」

かずやは朝起《お》きるとすぐカーテンを開《あ》けました。今日は遠足です。遠足の手紙を見ながら持《も》ち物《もの》をかくにんします。お弁当《べんとう》、お茶、シート、おしぼり、おやつ、よし、だいじょうぶ……あれ？　ない。たしかにきのうゆうとくんと買いに行ったはずなのに……買ったのは、ラムネ、チョコ、あめ、ビスケット。なのに、ラムネだけがありません。ぶどう、いちご、メロンの三しゅるい入りのかずやがいちばんすきなラムネが……。

(1) かずやは朝起きるとどうしましたか。（10点）

「　」

(2) 遠足の持ち物は何ですか。（10点）

「　」

(3) おやつをだれといっしょに買いに行きましたか。（20点）

「　」

(4) かずやがいちばんすきなおやつは何ですか。（10点）

「　」

答えは92ページ ☞

やってみよう

下の漢字《かんじ》の読み方をひらがなで書いて、クロスワードをかんせいさせよう。

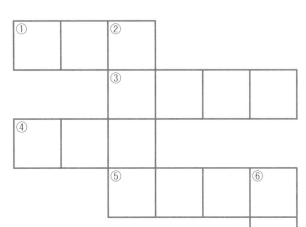

①　②
③
④
⑤　⑥

ヨコのかぎ

① 動作
③ 海岸
④ 味見
⑤ 着地

タテのかぎ

② 坂道
⑥ 注意

答えは92ページ ☞

LESSON 9

話題《わだい》を読み取《と》る

月　日
とく点
点　合かく40点

● 読んで、答えましょう。

動物《どうぶつ》は植物《しょくぶつ》とはちがい、なぜ動《うご》くことができるのでしょうか。

力をぬいて、うでや足をさわってみると、①かたいところと②やわらかいところがあるのがわかります。では、力を入れてみてください。やわらかいところがかたくなったでしょう。ここには筋肉《きんにく》があるのです。また、ずっとかたいままのところ。ここはほねがあります。力を入れると筋肉がかたくなるのです。筋肉がのびたりちぢんだりすることで、③動物の体は動くことができるのです。

(1) この話はどういうことについて書かれていますか。（20点）

[　　　　]

(2) ―①・②はそれぞれ何を指《さ》していますか。（20点）一つ10

① [　　]
② [　　]

(3) ―③の理由《りゆう》をえらびましょう。（10点）

ア 筋肉がかたいままだから。
イ ほねがのびちぢみするから。
ウ 筋肉がのびちぢみするから。

[　　]

答えは92ページ

やってみよう

次《つぎ》の文の中で、ものの名前を表《あらわ》す言葉《ことば》に――を引こう。

① 水がとてもつめたい。

② めずらしいちょうを見つける。

③ 暑《あつ》いので、ぼうしをかぶる。

④ たまたま落《お》とし物《もの》を拾《ひろ》った。

⑤ 先生の話をしずかに聞く。

答えは92ページ

説明《せつめい》のじゅんじょをつかむ

月　日　とく点　　点　合かく35点

● 読んで、答えましょう。

わたしたちの生活にかかせない水。水は、温《あたた》めたりひやしたりするとすがたがかわります。

まず①温めたとき。水は温度《おんど》が上がると、小さなあわや白いもやっとしたゆげがでます。さらに温度が上がると、②小さなあわが大きくはげしくなります。これをふっとうと言います。あわやゆげは、水が目に見えないすがたにかわったものです。

次《つぎ》に③ひやしたとき。水は温度が下がるとかたまってきます。完全《かんぜん》にかたまったもの。これが氷《こおり》です。

---

(1) ――①の説明《せつめい》を出てきたじゅんにならべましょう。（15点）

ア あわが大きくなる。

イ ゆげがでる。

ウ 水の温度が上がる。

［　　］→［　　］→［　　］

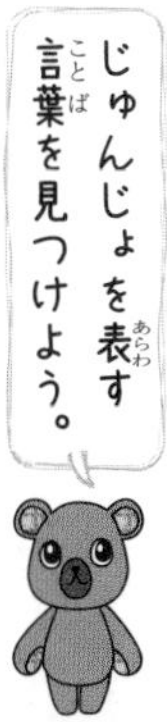

(2) ――②は何といいますか。（15点）

［　　］

(3) ――③のけっか、水はどうなりますか。（20点）

［　　］

答えは92ページ

やってみよう

✿ 次《つぎ》の文の中で、動《うご》きを表《あらわ》す言葉《ことば》に——を引こう。

① 父が料理《りょうり》を作る。

② 小さな実《み》がたくさんなる。

③ 学校からまっすぐに帰る。

④ 人気店に人が大勢《おおぜい》ならぶ。

⑤ 公園で遊《あそ》ぶのが楽しい。

答えは92ページ

LESSON 11

まとめテスト ①

月　日

とく点　　点　合かく40点

● 読んで、答えましょう。

まみはまどの外をずっとながめていました。

「①雨やまないかなあ。」

もう三日も雨がふりつづいています。明日はおとうさんと公園に行くやくそくをしています。まみはいいことを思いつきました。

「そうだ。てるてるぼうずを作ろう。」

［②］、さっそくたくさんのてるてるぼうずを作って、まどべにつるしました。きっと雨がやむはず。まみは③これらをながめて、④得意《とくい》そうにふふふとわらいました。

(1) ―①は何日ふっていますか。(10点)

［　　］

(2) ［②］に入る言葉《ことば》をえらびましょう。(10点)

ア ところが　イ そこで　ウ つまり

［　　］

(3) ―③は何を指《さ》していますか。(10点)

［　　］

(4) ―④の意味《いみ》をえらびましょう。(20点)

ア ほこらしげに　イ 不安《ふあん》げに　ウ 悲《かな》しげに

［　　］

答えは92ページ ☞

やってみよう

次《つぎ》の文の中で、様子《ようす》を表《あらわ》す言葉《ことば》に――を引こう。

① 夜は暗《くら》いし、しずかだから気をつけよう。

② 姉はかわいいし、みんなに親切だ。

③ おもしろい映画《えいが》をみるのは楽しい。

④ この絵は明るい色を使《つか》っていて美《うつく》しい。

⑤ 父は毎日仕事《しごと》でいそがしいので、大変《たいへん》だ。

答えは92ページ ☞

LESSON 12 まとめテスト ②

月　日

とく点

点　合かく40点

● 読んで、答えましょう。

わたしたちはふだん意識《いしき》することなく息《いき》をします。空気をすって、空気をはいて……。［①］、空気とはなんでしょうか。

空気はほとんどちっ素《そ》という気体がしめています。つづいて酸素《さんそ》。さらに二酸化炭素《にさんかたんそ》とそのほかの気体。わたしたちはこの中の酸素をすい、二酸化炭素をはいています。酸素はなくならないのでしょうか。酸素を作ってくれるものがあるのです。

②それは、植物《しょくぶつ》です。植物のおかげで、わたしたちは息ができるのです。

(1) ［①］に入る言葉《ことば》をえらびましょう。（10点）

ア　では
イ　そして
ウ　すると

［　　］

(2) ──②は何を指《さ》していますか。（20点）

［　　］

(3) わたしたちが、息ができる理由《りゆう》を書きましょう。（20点）

［　　］

答えは92ページ ☞

やってみよう

✿ 次《つぎ》の□に漢字《かんじ》を書こう。

①
父は□《やく》品《ひん》会社ではたらいている。
ドラマの主《しゅ》□《やく》になる。

②
トラックで荷物《にもつ》を運《うん》□《そう》する。
本の感《かん》□《そう》文を書く。

③
太平《たいへい》□《よう》横断《おうだん》にいどむ。
□《よう》毛で作られた服《ふく》を着る。

答えは92ページ

気《き》持《も》ちを読み取《と》る ①

月　日

とく点　　点／合かく40点

● 読んで、答えましょう。

五歳《ごさい》のさちには三つ年上のお姉ちゃんがいます。小学生のお姉ちゃんのランドセルは、さちのあこがれでした。でも、いつもはやさしいお姉ちゃんも、ランドセルをさわることはゆるしてくれません。

ある日、どうしてもランドセルがさわりたいさちは、お姉ちゃんがいないときに①こっそりランドセルを持《も》ち出して、散歩《さんぽ》に出かけました。

はじめてせ負《お》うランドセルにうきうきしていたら、急《きゅう》に雨がふってきました。どうしよう、［②］。お姉ちゃんの顔がうかんできました。

(1) ランドセルは、さちにとってどんなものですか。（10点）

［　　］

(2) ――①のようにする理由《りゆう》をまとめましょう。（20点）

お姉ちゃんがランドセルにさわることを［　　］から。

(3) ［②］に入る言葉《ことば》をえらびましょう。（20点）

ア 雨宿《あまやど》りしなきゃ

イ おこられちゃう

ウ かぜひいちゃう

［　　］

答えは92ページ ☞

やってみよう

✿ 次《つぎ》の□に漢字《かんじ》を書こう。

①
- 三年生が体育《たいいく》□《かん》に集《あつ》まる。
- 先生の話に□《かん》動《どう》する。
- 今年いちばんの□《かん》波《ぱ》におそわれる。

②
- 車に□《ちゅう》意《い》する。
- 電□《ちゅう》にはのぼらないこと。

答えは92ページ ☞

LESSON 14

気《き》持《も》ちを読み取《と》る ②

月　日

とく点

点　合かく35点

● 読んで、答えましょう。

雪がちらちらちらふる日、ゆみこはねつで学校を休みました。

①「雪遊《ゆきあそ》びしたいなあ。」

そうつぶやいて、コホンと一つせきをしました。そこへおかあさんが手紙を持《も》ってきました。あきちゃんからの手紙です。

②「早く元気になってね。待《ま》ってるよ。」

そう書いてありました。

ゆみこの心はほんわかあたたかくなりました。

そしてまた雪のふる外をながめました。

(1) ――①のときのゆみこの気《き》持《も》ちをえらびましょう。（15点）

ア 楽しい　イ つまらない

ウ 苦《くる》しい

［　　］

(2) ――②の言葉《ことば》にこめられたあきの気持ちをえらびましょう。（15点）

ア 学校に来てくれないとこまる。

イ かぜをうつさないでほしい。

ウ ゆみこのかぜが心配《しんぱい》だ。

［　　］

(3) 手紙をもらったときのゆみこの気持ちがわかる一文を答えましょう。（20点）

［　　　　］

答えは92ページ ☞

やってみよう

＊ 次《つぎ》の——の漢字《かんじ》の読み方を書こう。

① 先生に申し上げる。〔　　　〕

② 車の速度が上がる。〔　　　〕

③ チームの代表になる。〔　　　〕

④ 平和をいのる。〔　　　〕

⑤ 童話を読む。〔　　　〕

⑥ 魚を川へ放す。〔　　　〕

⑦ 国語の予習をする。〔　　　〕

⑧ 新緑がきれいだ。〔　　　〕

答えは92ページ ☞

気《き》持《も》ちを読み取《と》る ③

月　日
とく点
点／合かく35点

●読んで、答えましょう。

　ある夏の日。たつやとゆうとはあみと虫かごをもって、虫がたくさんいそうな山にやってきました。
「めずらしい虫を見つけろよ。」
　そう言いながら二人は①ゆっくり歩きまわっていました。
　カサカサ、カサカサ
　何か聞こえました。②二人はあみを持《も》つ手を強めました。
　カサカサ、カサカサ
　音は下の方からします。むねがどきどきしてきました。③ゆうとは思わずたつやの服《ふく》をつまみました。

(1) ――①はなぜですか。（15点）

[　　　]

(2) ――②のときの二人の様子《ようす》をえらびましょう。（20点）

ア　すぐにげられるようにしている。
イ　こわくて動《うご》けないでいる。
ウ　何の音か身《み》がまえている。

[　　]

(3) ――③のときのゆうとの気《き》持《も》ちをえらびましょう。（15点）

ア　楽しい　イ　こわい
ウ　うれしい

[　　]

答えは93ページ ☞

やってみよう

✱ 次《つぎ》の□に漢字《かんじ》を書こう。

① □□《せんろ》で□《あそ》んではいけない。

② □《うつく》しい□《し》を読む。

③ 算数の□□《もんだい》をノートに□《うつ》す。

④ □□《しんぴん》の□《ふで》を使《つか》う。

⑤ □□《むぎばたけ》が□□《いちめん》に広がる。

④の「しんぴん」は、「あたらしい しなもの」のことだよ。

答えは93ページ ☞

理由《りゆう》をおさえる ①

月　日
とく点
点／合かく40点

● 読んで、答えましょう。

①磁石《じしゃく》はくっついたり、しりぞけ合ったりします。なぜでしょうか。

磁石にはN《エヌ》きょくとS《エス》きょくとよばれるものがあります。ちがうきょく同士《どうし》はくっつき、同じきょく同士はしりぞけ合うのです。

また、なんでもくっつくのでしょうか。町で見かける空きかん回収機《かいしゅうき》は、磁石のせいしつを利用《りよう》して、②アルミかんとスチールかんに分けます。磁石は鉄《てつ》にくっつき、アルミはくっつかないのです。③黒板《こくばん》に磁石がくっつくのもこのためです。

---

(1) ——①とはどのようなものか、まとめましょう。(30点)一つ10

磁石には［　　　　］があり、［　　　］きょく同士はくっつき、［　　　］きょく同士はしりぞけ合う。

(2) ——②のようにできる理由《りゆう》をまとめましょう。(10点)

鉄はくっつき、アルミはくっつかないという［　　　　］を利用しているから。

(3) ——③の理由を書きましょう。(10点)

［　　　　　　　　］

答えは93ページ

やってみよう

✱ 次《つぎ》の□に漢字《かんじ》を書こう。

① 自転車で□□《ぎんこう》に□《む》かう。

② □《かかり》を□《き》める。

③ となりの町で□□《さかや》を□《はじ》める。

④ □□《おんすい》プールで□《およ》ぐ。

⑤ □□□《がっきゅうかい》で□□《はっぴょう》する。

答えは93ページ ☞

LESSON 17

理由《りゆう》をおさえる ②

月　日

とく点

点　合かく40点

●読んで、答えましょう。

わたしたちのまわりにはいろいろな「きん」①がいます。「きん」はほどよい温度《おんど》、しめり気、ほうふなえいようがあればどんどんふえます。

あたたかい部屋《へや》で「きん」が食べ物《もの》につくと、②食べ物はくさっていきます。これをふせぐために冷蔵庫《れいぞうこ》があります。

また、食べ物を③かんそうさせたり、しおをつけるとくさりにくくなります。これは、水分のわりあいが少なくなるためです。しおには、水分を外に出すはたらきがあります。

(1) ――①がふえるには何がひつようですか。三つ答えましょう。（30点）一つ10

[　　　　]

[　　　　]

[　　　　]

(2) ――②は、「きん」がどうなるからですか。（10点）

ア　ふえるから。

イ　へるから。

ウ　くさるから。

[　　　　]

(3) ――③の理由《りゆう》を書きましょう。（10点）

[　　　　]

答えは93ページ

やってみよう

✿ 次《つぎ》の□に漢字《かんじ》を入れて、四つの言葉《ことば》を作ろう。

①

返 → □

仕 → □ → 業

□ → 実

②

整 → □

心 → □ → 由

□ → 科

③

遠 → □

土 → □ → 先

□ → 場

④

午 → □

目 → □ → 方

□ → 進

音読みで読んだり、
訓《くん》読みで読んだり
してみよう。

答えは93ページ ☞

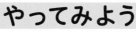

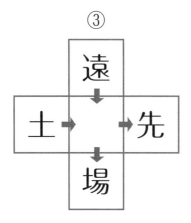

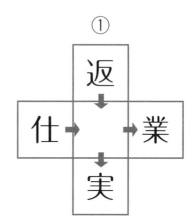

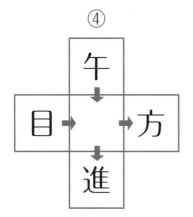

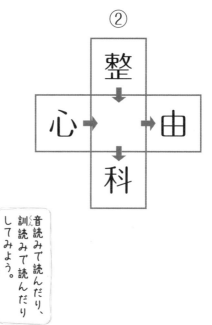

LESSON 18

理由《りゆう》をおさえる ③

月　日
とく点
点 ／合かく 40点

●読んで、答えましょう。

天気のいい日、太陽《たいよう》が出ているのはもちろん、かげもいっしょに出ます。このかげ、いつも同じところにあるのでしょうか。

太陽の光をさえぎる物《もの》があると、さえぎる物のかげがかならず出ます。そして、太陽と反対《はんたい》がわに出るのです。しかし、太陽はいつも同じところにはありません。夜には太陽はありません。太陽がしずむことで暗《くら》くなるのです。つまり、太陽は動《うご》くのです。太陽が動くと太陽の光ももちろん動き、かげも動くといえます。

(1) かげについてまとめました。□に入る言葉《ことば》を書きましょう。（20点）一つ10

太陽の光を［　　　］があれば、太陽と［　　　］に出る。

(2) どうなることで、夜になりますか。（10点）

［　　　　］

(3) ——のようにいえる理由《りゆう》をえらびましょう。（20点）

ア 太陽の光をさえぎるから。
イ 太陽と同じがわに動くから。
ウ 太陽が動くから。

［　　］

答えは93ページ ☞

やってみよう

下の漢字《かんじ》の読み方をひらがなで書いて、クロスワードをかんせいさせよう。

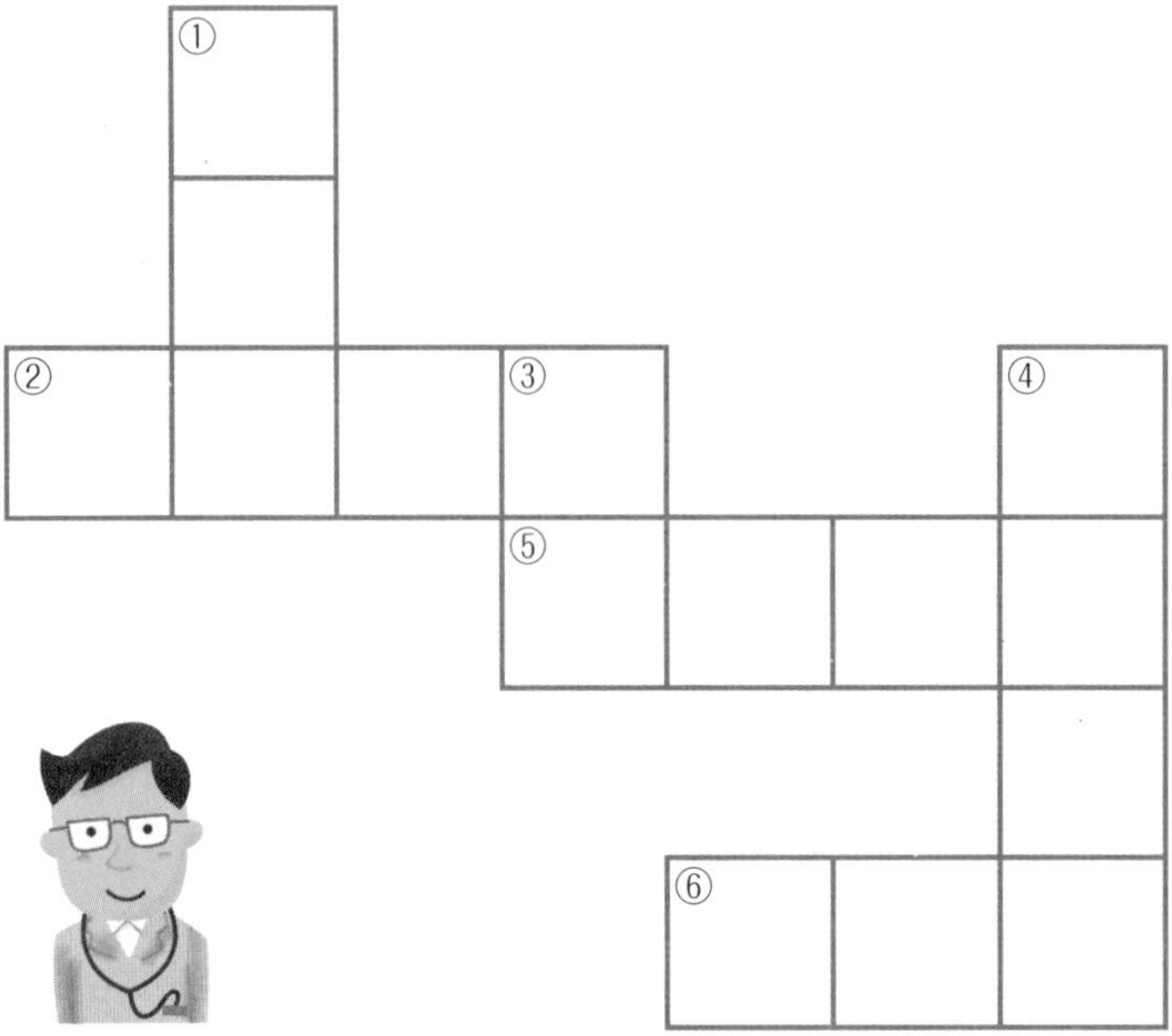

ヨコのかぎ

② 歯　車
⑤ 名　言
⑥ 医　者

タテのかぎ

① 工　具
③ 豆
④ 神　社

答えは93ページ

大事《だいじ》なことを読み取《と》る ①

月　　日
とく点　　点　合かく40点

● 読んで、答えましょう。

ある日、タヌキのムンタに一通の手紙がとどきました。手紙には、「お元気ですか。①あの原っぱで待《ま》っています。」と書いてあります。手紙の他《ほか》に、シロツメクサが一本入っていました。［1］

「だれだろう……。原っぱ……シロツメクサ……シロツメクサ！」［2］

ふとムンタは、去年《きょねん》シロツメクサが一面《いちめん》にさいた原っぱで、ウサギのミミコと遊《あそ》んだことを思い出しました。［3］ ②来年もここで会おうとやくそくをしたことも！

---

(1) ——①はどんな原っぱですか。（10点）

ウサギのミミコと遊んだ、一面に
［　　　　］原っぱ。

(2) ——②のように、ムンタが思い出しきっかけになったものを、六字でぬき出しましょう。（10点）

□□□□□□

(3) ムンタはだれからの手紙だと想像《そうぞう》したと考えられますか。（20点）

［　　　　］

(4) 次《つぎ》の文は、文中の［1］～［3］のどこに入りますか。記号《きごう》で答えましょう。（10点）

さし出し人がわかりません。

［　　　　］

答えは93ページ ☞

やってみよう

＊ 次《つぎ》の――の言葉《ことば》を、漢字《かんじ》と送《おく》りがなで書こう。

①
キャプテンをかえる。 〔　　〕
学校から家にかえる。 〔　　〕

②
はやく大人になりたい。 〔　　〕
この車はとてもはやく走る。 〔　　〕

③
もうすぐ夜があける。 〔　　〕
わくわくして箱《はこ》をあける。 〔　　〕

答えは93ページ ☞

LESSON 20

大事《だいじ》なことを読《よ》み取《と》る ②

月　日

とく点　点　合かく40点

● 読んで、答えましょう。

①さとしは朝からずっとつくえに向《む》かっています。「いそいで直さなきゃ。」ずっと②小さな車に必死《ひっし》です。

きのう、たけるの家に遊《あそ》びに行ったとき、手のひらに乗《の》るくらい小さな車のプラモデルが見たくて手にしたとたん、手がすべって落《お》としてしまったのです。

③パキッ。

たけるは気づいていません。④さとしはそっとポケットに小さな車をしまいました。

「直してこっそり返《かえ》さなきゃ。」

(1) ——①とありますが、なぜですか。（20点）

［　　　］

(2) ——②を具体的《ぐたいてき》に答えましょう。（10点）

［　　　］

(3) ——③は何の音ですか。（10点）

小さな車が［　　　］音。

(4) ——④のときのさとしの気持《きも》ちをえらびましょう。（10点）

ア　ばれないようにしなきゃ。

イ　新しいのと取りかえよう。

ウ　自分のものにしよう。

［　　　］

答えは93ページ ☞

やってみよう

＊次《つぎ》の――の言葉《ことば》を、漢字《かんじ》と送《おく》りがなで書こう。

①
お気に入りの服《ふく》をきる。
〔　　〕
包丁《ほうちょう》で野菜《やさい》をきる。
〔　　〕

②
手がかりをもとに犯人《はんにん》をおう。
〔　　〕
転んできずをおう。
〔　　〕

③
あの子とは気があう。
〔　　〕
休日に、先生とばったりあう。
〔　　〕

答えは93ページ ☞

大事《だいじ》なことを読《よ》み取《と》る ③

月　日

とく点　点　合かく40点

● 読んで、答えましょう。

わたしたちが使《つか》う道路《どうろ》には、歩く人、自転車《じてんしゃ》に乗《の》る人、車を運転《うんてん》する人……さまざまな人がいます。そして、ときに①事故《じこ》も発生《はっせい》します。どんな事故であれ、当事者《とうじしゃ》をきずつけるのはさけられません。事故はふせげないのでしょうか。②交通ルールを守《まも》る。③事故をふせぐにはこれにつきます。道路にはひょうしきがあります。ひょうしきをよく見て、ルールを守れば、事故はふせぐことができるのです。一人一人が心にゆとりをもつことが大切です。

(1) ――①が起《お》こると、さけられないのは、どんなことですか。(20点)

[　　　]

(2) ――②をしめすものは何ですか。(20点)

[　　　]

(3) ――③にひつようだと書かれているものをえらびましょう。(10点)

ア　ひょうしきを見て、ルールを守る。

イ　ゆずりあいの心をもつ。

ウ　注意《ちゅうい》してゆっくり動《うご》く。

[　　　]

答えは93ページ

やってみよう

次《つぎ》の――の言葉《ことば》を、漢字《かんじ》と送《おく》りがなで書こう。

① ピアノのひき方をならう。 [　　]

② 次の信号《しんごう》を右にまがる。 [　　]

③ とてもにがいかぜ薬《ぐすり》。 [　　]

④ あたたかいお湯《ゆ》。 [　　]

⑤ りんごがみのる。 [　　]

⑥ 友情《ゆうじょう》をはぐくむ。 [　　]

⑥「はぐくむ」は、大切に守《まも》って大きくすることだよ。

答えは93ページ

大事《だいじ》なことを読み取《と》る ④

月　日

とく点　点　合かく 40点

●読んで、答えましょう。

ごみが出ない日はありません。しかし本当にごみなのでしょうか。ごみをごみとしてあつかうのではなく、再利用《さいりよう》できるしげんだと考える。これが①リサイクルの考え方です。紙はトイレットペーパーに、かんは新しいかんや鉄製品《てっせいひん》に、②リサイクルできるものは他《ほか》にもたくさんあります。ごみを分けることで、ごみのりょうがへらせます。それはかんきょうを守《まも》ることにもつながります。わたしたちの少しの気持《きも》ちが、生活をよりよくするのです。

(1) ──①とはどのような考え方か、まとめましょう。(20点)

ごみを［　　　　］だとする考え方。

(2) ──②のれいとしてあげられていたものを、すべて書きましょう。(10点)

［　　　　］

(3) リサイクルによって、どうすることができるのですか。(20点)一つ10

［　　　　］を守り、わたしたちの［　　　　］をよりよいものにすることができる。

答えは93ページ ☞

やってみよう

✿ 次《つぎ》の――の言葉《ことば》を、漢字《かんじ》と送《おく》りがなで書こう。

① 本をかさねておく。
〔　　　〕

② キツネが人にばける。
〔　　　〕

③ 秋まつりに出かける。
〔　　　〕

④ しあわせな生活を送《おく》る。
〔　　　〕

⑤ 庭《にわ》に木をうえる。
〔　　　〕

⑥ 車に乗《の》って海へむかう。
〔　　　〕

答えは93ページ ☞

まとめテスト ③

月　日
とく点
点　合かく 40点

● 読んで、答えましょう。

バスが来ました。でもいません。①さきはお父さんを待《ま》っています。急《きゅう》に雨がふってきたからお父さんにかさを持《も》って行ってあげて、とお母さんにたのまれたのです。でもまだ帰ってきません。さっきのバスでもう三つバスを見送《みおく》りました。さきの目にはなみだがあふれそうです。②あたりはだんだん暗《くら》くなってきます。そこにまたバスが来ました。

「さき。」

③聞きおぼえのあるやさしい声に、④顔じゅう笑顔《えがお》になりました。

(1) ――①はなぜですか。（20点）

お母さんから、お父さんにとたのまれたから。

［　　　］

(2) ――②のときのさきの気持《きも》ちをえらびましょう。（10点）

ア よろこび　イ 期待《きたい》　ウ 不安《ふあん》

［　　　］

(3) ――③はだれの声ですか。（10点）

［　　　］

(4) ――④のときのさきの気持ちをえらびましょう。（10点）

ア うれしい　イ びっくり　ウ 楽しい

［　　　］

答えは94ページ ☞

やってみよう

✿ 次《つぎ》の——の漢字《かんじ》の読み方を書こう。

① 福ぶくろを買う。〔　　〕

② 犯人《はんにん》を追う。〔　　〕

③ 坂道を下る。〔　　〕

④ 全部食べる。〔　　〕

⑤ 歌手の話題を出す。〔　　〕

⑥ 去年の日記を読む。〔　　〕

⑦ 鼻血をとめる。〔　　〕

⑧ 屋根に上る。〔　　〕

答えは94ページ ☞

まとめテスト ④

月　日

とく点　　点　合かく40点

● 読んで、答えましょう。

水たまりの水が①いつの間にかなくなっているのはなぜでしょうか。

水は温度《おんど》が上がると目に見えない水《すい》じょう気《き》という気体にかわってしまうからです。気体になった水じょう気は空気にまざり、上空でひやされ、細かい水や氷《こおり》のつぶにかわります。これが雲です。さらに雲の中の氷のつぶが大きくなり、雪になります。雪は落《お》ちると中でとけて雨になり、②また水たまりがあらわれるのです。

(1) ―①の理由《りゆう》をまとめましょう。(20点)

水たまりの水が、[　　　　]から。

(2) ―②とありますが、「水たまり」ができるじゅんにならべましょう。(20点)

ア 雨　イ 水じょう気　ウ 雲　エ 雪

水たまり→[　]→[　]→[　]→[　]→水たまり

(3) (2)のア〜エで、目に見えないものをえらびましょう。(10点)

[　　]

答えは94ページ

やってみよう

次《つぎ》の□に漢字《かんじ》を書こう。

① □□《いちれつ》にならんで□□《こうしん》する。

② □□《はなばたけ》で□□《しゃしん》をとる。

③ □□《へんぴん》を□《う》けつける。

④ 休み時間に□□《こくばん》の字を□《け》す。

⑤ 落《お》ち□《ば》を□《ひろ》う。

答えは94ページ

物《もの》語《がたり》①

月　日

とく点

点　合かく40点

●読んで、答えましょう。

ワニのニッチとカエルのケロは大のなかよし。いつも池で水につかりながら歌を歌っていました。

ある日、いつものようにケロが歌い始《はじ》めてもニッチは歌いません。

①首をかしげながら、

「歌わないのかい？」

そう聞いても返事《へんじ》もありません。何度《なんど》聞いても同じです。[②]、急《きゅう》に③ニッチが大きく口を開《あ》けました。口の中を見ると、真《ま》っ黒な虫歯《むしば》。ニッチが歌えなかったのは、この虫歯のせいだったのです。

(1) ——①の意味《いみ》をえらびましょう。（20点）

ア　ふしぎに思いながら
イ　おこりながら
ウ　こわがりながら

[　　]

(2) [②]に入る言葉《ことば》をえらびましょう。（10点）

ア　また　　イ　すると
ウ　さらに　　エ　なぜなら

[　　]

(3) ——③の理由《りゆう》をまとめましょう。（20点）

ケロに[　　　　　　]のせいで歌が歌えないことをつたえるため。

答えは94ページ☞

やってみよう

次《つぎ》の□に漢字《かんじ》を書こう。

① □□□《うんどうかい》の□□《かんそう》を書く。

② □□《しゅやく》が□□《とうじょう》する。

③ □□《ようき》に□《ふえ》をふく。

④ □□《しょくぶつ》について□□《がくしゅう》する。

⑤ 山口□《けん》は□□《ほんしゅう》にある。

③「ようき」は、明るくにぎやかな様子《ようす》のことだよ。

答えは94ページ

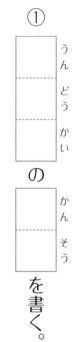

詩《し》 ①

月　日
とく点　　点　合かく40点

● 読んで、答えましょう。

①暗《くら》いやみの世界《せかい》から
うっすら光がさしこんで
少しずつ少しずつ
②やみから町をすくいだす
暗いやみの中
ぞんぶんに遊《あそ》んだ星たちは
また来るやみまでひと休み
空が白くかがやき出し
町は光を取《と》りもどす
まぶしい光の世界

(1) ——①と反対《はんたい》の意味《いみ》を表《あらわ》した言葉《ことば》を書きましょう。（20点）

［　　　］

(2) ——②「やみから町をすくいだす」のは何ですか。（10点）

ア 星
イ 太陽《たいよう》
ウ 空

［　　　］

(3) この詩《し》に合う題名《だいめい》をえらびましょう。（20点）

ア 夜の世界
イ 夜ふけ
ウ 夜明け

［　　　］

答えは94ページ

やってみよう

✿ 次《つぎ》の□に共通《きょうつう》して入る部首《ぶしゅ》を書こう。

① □艮　□直　□主 → ［　　］

② □羊　□由　□胡 → ［　　］

③ □各　□女　□疋 → ［　　］

④ □古　□楽　□何 → ［　　］

⑤ 音□　亜□　非□ → ［　　］

答えは94ページ ☞

説明文《せつめいぶん》 ①

月　日

とく点　　点／合かく40点

●読んで、答えましょう。

春になると、チョウやハチが花のみつをすっているところを見かけます。チョウやハチにとって花のみつは大切な食事《しょくじ》です。[①]、チョウやハチだけがとくをしているわけではありません。②この行動《こうどう》で生命《いのち》をつなぐものがあります。花です。花のみつをすうことで、チョウやハチに花粉《かふん》がつき、花粉をつけたチョウやハチは、また別《べつ》の花に行き、みつをすう。すると体についた花粉がその花につきます。花が生きていくためにひつような受粉《じゅふん》ができるのです。

(1) [①]に入る言葉《ことば》をえらびましょう。(10点)

ア または　イ しかし　ウ さらに

[　　]

(2) ――②とは何ですか。(10点)

チョウやハチが

[　　]

(3) 受粉について、まとめましょう。(30点)一つ10

[　　]をつけたチョウやハチが、[　　]でみつをすうと、体についた[　　]がその花につく。

答えは94ページ

やってみよう

✿ 下の漢字《かんじ》の読み方をひらがなで書いて、クロスワードをかんせいさせよう。

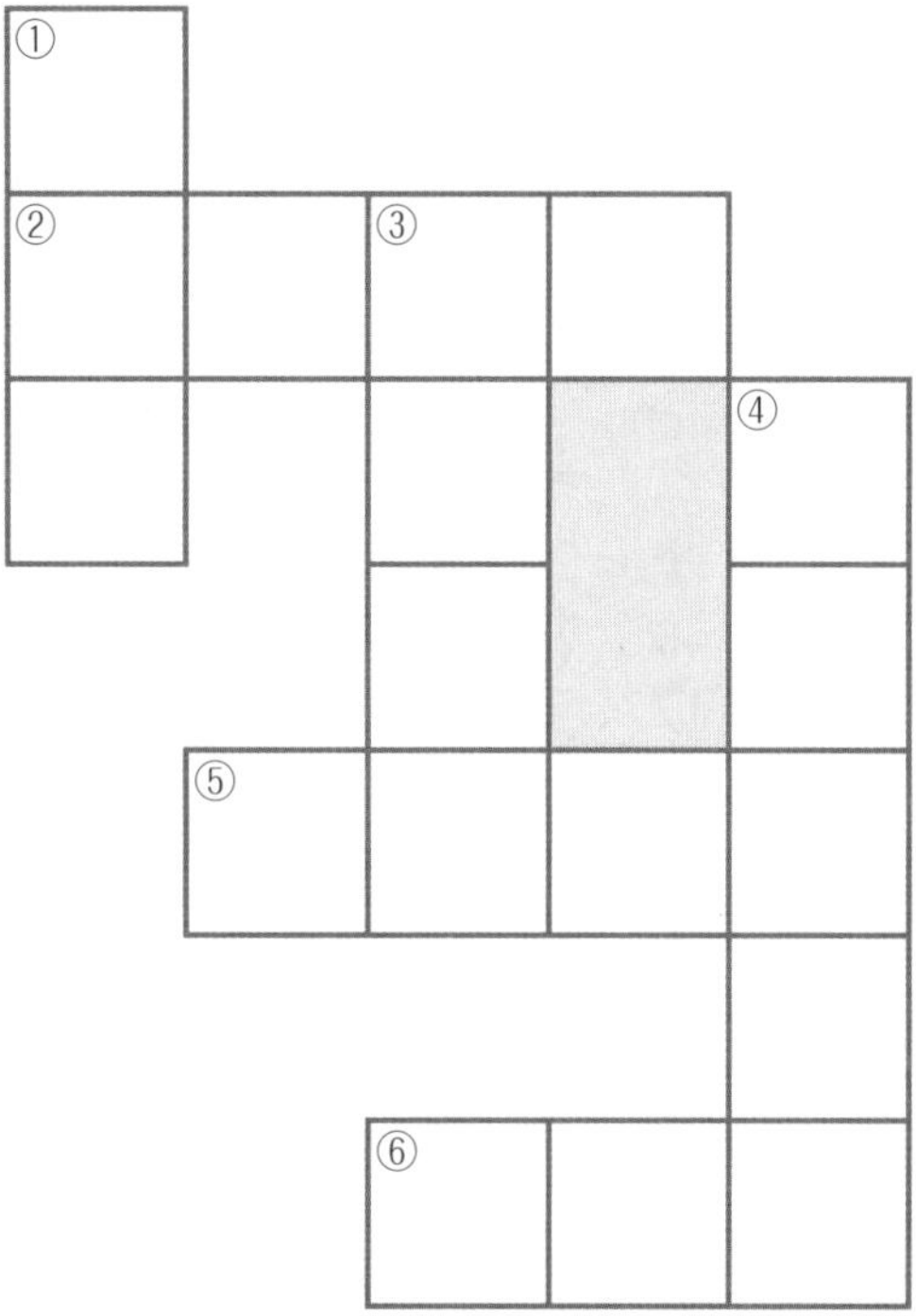

ヨコのかぎ

② 相談

⑤ 太陽

⑥ 次回

タテのかぎ

① 理想

③ 題名

④ 朝礼

答えは94ページ ☞

短《たん》歌《か》

月　日

とく点　　点／合かく40点

● 読んで、答えましょう。

① 秋来《き》ぬと
目にはさやかにみえねども
風の音にぞおどろかれぬる
藤原敏行《ふじわらのとしゆき》

② ひまわりは
金《きん》の油《あぶら》を　身《み》にあびて
ゆらりと高し
日のちひさ(い)さよ
前田夕暮《まえだゆうぐれ》

(1) ①の短歌《たんか》は、何についてよまれたものですか。(20点)
ア 秋の様子《ようす》がかわったこと
イ 秋が終《お》わったこと
ウ 秋が来たこと
[　　]

(2) ②の短歌は、何についてよまれたものですか。(20点)
ア ひまわりのそんざい感《かん》
イ 太陽《たいよう》のそんざい感
ウ ひまわりの色のこさ
[　　]

(3) ②の短歌がよまれたきせつを書きましょう。(10点)
[　　]

答えは94ページ ☞

やってみよう

✿ 次《つぎ》の言葉《ことば》の意味《いみ》をあとからえらび、記号《きごう》で答えよう。

① 鼻《はな》が高い　［　　］

② 馬が合う　［　　］

③ へそを曲《ま》げる　［　　］

④ 水に流《なが》す　［　　］

⑤ 目にある　［　　］

ア 気が合う。

イ なかったことにする。

ウ ひどすぎて見ていられない。

エ 得意《とくい》になる。

オ ふきげんになる。

答えは94ページ ☞

物《もの》語《がたり》②

月　日
とく点　点　合かく40点

●読んで、答えましょう。

「やった！　泳《およ》げた！」
①二十五メートル、一学期最後《いちがっきさいご》にして、やっと泳《およ》げました。夏休みに入ると泳げない人は補習《ほしゅう》があります。それがいやで、とにかく泳ぎ切りました。しかも、おとうさんとのやくそく。夏休みまでに二十五メートル泳げたら、サッカーかんせんにつれて行ってくれるって。だからとにかくがむしゃらに泳ぎました。

プールからあがって空を見上げると、③てりつける太陽《たいよう》が金色の紙ふぶきのように感《かん》じられました。

（1）――①とありますが、一学期の間でないとだめな理由《りゆう》を二つ書きましょう。（20点）一つ10

［　　　］
［　　　］

（2）――②の意味《いみ》をえらびましょう。（10点）

ア　がまんして　イ　苦労《くろう》して
ウ　一生けん命《めい》に
［　　　］

（3）――③のときの気持《きも》ちをえらびましょう。（20点）

ア　うれしくて得意《とくい》な気持ち
イ　ひみつにしたい気持ち
ウ　暑《あつ》くてつらい気持ち
［　　　］

答えは94ページ

やってみよう

次《つぎ》のことわざの意味《いみ》をあとからえらび、記号《きごう》で答えよう。

① 石の上にも三年 [ ]

② ぬかにくぎ [ ]

③ 弱り目にたたり目 [ ]

④ 転《ころ》ばぬ先のつえ [ ]

⑤ かっぱの川流《かわなが》れ [ ]

ア しっぱいしないようにじゅんびすること。

イ がまんすればいつかせいこうすること。

ウ 何の手ごたえもないこと。

エ 名人でもしっぱいすること。

オ 悪《わる》いことにさらに悪いことが重《かさ》なること。

答えは94ページ ☞

俳《はい》句《く》

月　日

とく点　　点　合かく40点

● 読んで、答えましょう。

① さらさらと　竹に音あり
　夜の雪
　　正岡子規《まさおかしき》

② 名月を　とってくれろと
　とってほしいと
　なく子かな
　　小林一茶《こばやしいっさ》

③ きりしまは　きりにかくれて
　赤とんぼ
　　種田山頭火《たねださんとうか》

④ 一枚《いちまい》の　もみじかつちる
　葉《は》が赤くそまり、同時にちる
　しずかさよ
　　高浜虚子《たかはまきょし》

(1) 俳句《はいく》について、答えましょう。(10点)

□・□・□の十七音の詩《し》。

(2) ②の俳句のきせつと同じきせつをよんだ俳句を、番号《ばんごう》ですべて答えましょう。また、そのきせつも答えましょう。(20点)一つ10

番号［　　］

きせつ［　　］

(3) 「子どものむじゃきさ」がよまれている俳句を、番号で答えましょう。(20点)

［　　］

答えは94ページ ☞

やってみよう

次《つぎ》の漢字《かんじ》の色のついた部分《ぶぶん》は、何画目に書きますか。漢字で数を答えよう。

① 写 [　　　]画目

② 鉄 [　　　]画目

③ 発 [　　　]画目

④ 悲 [　　　]画目

⑤ 式 [　　　]画目

答えは94ページ

説明文《せつめいぶん》②

月　日

とく点　　点　合かく40点

●読んで、答えましょう。

わたしたちのまわりには、①じょうほうがあふれています。じょうほうとは、大きくいうと「知らせ」です。じょうほうをつたえる人、じょうほうを受《う》け取《と》る人がいて、成立《せいりつ》します。そして、じょうほうにあふれた社会を②じょうほう化社会《かしゃかい》といいます。じょうほう化社会にくらすわたしたちは、いろいろな出来事《できごと》や知識《ちしき》をかんたんに知ることができます。しかし、③すべてうのみにせず、じょうほうを正しくはんだんする目を持《も》つこと、これが大切です。

(1) ――①が成立するには、何がひつようですか。(20点)一つ10

じょうほうを［　　］人と、［　　］人。

(2) ――②では、どのようなことが大切ですか。(20点)

［　　　　］

(3) ――③の意味《いみ》をえらびましょう。(10点)

ア　くわしく調《しら》べないで
イ　よく理解《りかい》しないで
ウ　しんじこまないで

［　　］

答えは95ページ

やってみよう

次《つぎ》の漢字《かんじ》と同じ画数の漢字をえらび、記号《きごう》で答えよう。

① 勉［　　］
ア 岸　イ 倍　ウ 陽　エ 客

② 寒［　　］
ア 遊　イ 酒　ウ 福　エ 根

③ 決［　　］
ア 具　イ 係　ウ 有　エ 君

④ 族［　　］
ア 勝　イ 笛　ウ 馬　エ 鼻

⑤ 想［　　］
ア 等　イ 緑　ウ 農　エ 終

答えは95ページ ☞

脚《きゃく》 本《ほん》 ①

月　日
とく点
点／合かく40点

● 読んで、答えましょう。

（どこからかいいにおいがする。）
オオカミ　このにおいはなんだ？
（においのするほうへ向《む》かう。）
オオカミ　①ここだ。いいにおいはここからだ。
（まどから家の中をのぞく。）
オオカミ　ははん。ぶたがクッキーを作ってるんだな。よし、いただいてしまおう。
②（ドアを開けて家に入《あ》る。）
ブタ　な、な、なんですか？
オオカミ　わしははらがへっている。それを全部《ぜんぶ》よこしな。

(1) この文章《ぶんしょう》は脚本《きゃくほん》とよばれるものです。（　）の部分《ぶぶん》は何といいますか。（10点）
ア ト書《と》き　イ せりふ　ウ 台本
［　］

(2) ——①が指《さ》しているのはどこですか。（20点）
［　］

(3) ——②の目的《もくてき》について、まとめましょう。（20点）一つ10
［　］の作っている［　］ため。

答えは95ページ

やってみよう

上の言葉《ことば》と下の言葉が反対《はんたい》の意味《いみ》になるように、——でつなごう。

① 出《しゅっ》荷《か》 ・

② 質《しっ》問《もん》 ・

③ 短《たん》所《しょ》 ・

④ 安《あん》心《しん》 ・

⑤ 全《ぜん》体《たい》 ・

・ ア 回答

・ イ 長《ちょう》所《しょ》

・ ウ 部《ぶ》分《ぶん》

・ エ 入荷

・ オ 心《しん》配《ぱい》

答えは95ページ

物《もの》語《がたり》 ③

月　日

とく点

点／合かく35点

● 読んで、答えましょう。

今日はとなり町の親せきの家にバスで遊《あそ》びに行く日です。一人で乗《の》るバスに①どきどきしながらせきをさがすと、一つだけ空いていました。

次《つぎ》のバスていでは②すごい人が乗《の》りこみ、一気にバスの中はぎゅうぎゅうになりました。どこかの大学生の集団《しゅうだん》のようです。ふと横《よこ》を見ると、おばあさんが立っていました。大きな荷物《にもつ》を持《も》って……。ぼくはこまってしまいました。せきをかわるべきなのに、勇気《ゆうき》がでません。③むねの音はどんどん大きくなります。

(1) ―①が表《あらわ》している気持《きも》ちをえらびましょう。（15点）

ア　つらくて苦《くる》しい気持ち

イ　おどろいている気持ち

ウ　きんちょうする気持ち

［　　］

(2) ―②とありますが、主《おも》にどんな人か、書きましょう。（15点）

［　　］

(3) ―③とありますが、なぜですか。答えましょう。（20点）

［　　］

答えは95ページ☞

やってみよう

✿ 次《つぎ》の――の漢字《かんじ》の読み方を書こう。

① 住所を書く。［　　］

② 進化をとげる。［　　］

③ 予定《よてい》を調整する。［　　］

④ 夜明けを待つ。［　　］

⑤ ボールを転がす。［　　］

⑥ 話の由来を聞く。［　　］

⑦ 緑色でぬる。［　　］

⑧ 鼻歌を歌う。［　　］

答えは95ページ ☞

LESSON 34

記録文《きろくぶん》 ①

月　日

とく点　　点　合かく40点

● 読んで、答えましょう。

オタマジャクシを水そうに入れ、どのようにカエルになるのかを調《しら》べました。毎日かんさつし、記録《きろく》をとりました。そのけっか、次《つぎ》のようなことがわかりました。

・一か月くらいして変化《へんか》があった。
・足が生えてから手が生える。
・水面《すいめん》にあがってもしばらくしっぽがある。

足が生えてからは変化も短時間《たんじかん》でかんさつしがいがありました。また、しっぽのあるカエルを見たのははじめてで、おもしろかったです。

(1) どのようなことを調べましたか。(20点)

[　　　　]

(2) かんさつのけっか、オタマジャクシに変化が表《あらわ》れたのはいつですか。(10点)

[　　　　]してから。

(3) 手と足はどのようなじゅんで生えてきますか。(10点)

[　　　　]

(4) このかんさつで何がおもしろかったといっていますか。(10点)

[　　　　]

答えは95ページ ☞

やってみよう

✻ 次《つぎ》の□に漢字《かんじ》を書こう。

① □□《たいよう》の□《おも》さを調《しら》べる。

② □□《へいわ》と□□《びょうどう》をうったえる。

③ □□□□《かんないほうそう》を□《なが》す。

④ □《ころ》んで□□《しゅっけつ》する。

⑤ 古い□□《おうきゅう》について□□《べんきょう》する。

②の「へいわ」と「びょうどう」は、同じ漢字を一字使《つか》うよ。

答えは95ページ ☞

説明文《せつめいぶん》③

月　日

とく点　　点　合かく40点

● 読んで、答えましょう。

わたしたちがふだん食べているお米。お米は農家《のうか》の人が大事《だいじ》に育《そだ》てたものです。[①]、最近《さいきん》は日本が工《こう》業《ぎょう》国となり、都会《とかい》ではたらく人がふえており、農業《のうぎょう》をいとなむ人の年れいも高くなっています。とくに農業だけを仕事《しごと》とする②専業《せんぎょう》農家がへっており、③農業ばなれがさけられません。これを食い止める動《うご》きとして④農業会社があります。わかい人たちが集《あつ》まり、会社として農業を行うことにより、わか者《もの》の農業ばなれをくいとめるこうかが出てきています。

---

(1) [①]に入る言葉《ことば》をえらびましょう。（10点）

ア　だから　イ　しかし　ウ　また

「　　」

(2) ――②とは何か、書きましょう。（10点）

「　　」農家。

(3) ――③の理由《りゆう》を二つ書きましょう。（20点）一つ10

「　　」

「　　」

(4) ――④のこうかについてまとめましょう。（10点）

「　　」こうかがある。

答えは95ページ ☞

やってみよう

✿ 次《つぎ》の□に漢字《かんじ》を書こう。

① いただいた□□《ようふく》のお□《れい》をする。

② □□《つごう》のいいときを□《ま》つ。

③ □□《よてい》を□□□《にっきちょう》に書く。

④ 料理《りょうり》の□《あじ》を□□《けんきゅう》する。

⑤ □《てつ》のくぎを□《ま》げる。

②の「つごう」の「つ」の
漢字は、「ト」の音読み
もあるよ。

答えは95ページ

詩《し》 ②

月　日
とく点　　点　合かく40点

● 読んで、答えましょう。

ランドセル

①あんなに大きかったのに
ずいぶん小さくなってしまったね
あんなにきれいだったのに
ずいぶんきずつけてしまったね

②きみは　ぼくの友達《ともだち》
③学校にさようならする日まで
いっしょに歩こう
ぼくの［④］は　きみの場所

(1) ―①が表《あらわ》していることを、まとめましょう。（20点）一つ10
ぼくが［　　］ので、ランドセルが［　　］と感《かん》じているということ。

(2) ―②は何を指《さ》していますか。（10点）
［　　］

(3) ―③はいつですか。（10点）
ア　別《べつ》の学校へ転校《てんこう》する日
イ　学校へ入学する日
ウ　学校を卒業《そつぎょう》する日
［　　］

(4) ［④］に入る言葉《ことば》をえらびましょう。（10点）
ア　おなか　イ　せなか
ウ　あたま
［　　］

答えは95ページ

やってみよう

次《つぎ》の文字を組み合わせて、一字の漢字《かんじ》を作ろう。

① 日 立 日 → 「　　」

② 立 心 日 → 「　　」

③ 目 木 心 → 「　　」

④ 刀 日 口 → 「　　」

⑤ 目 一 八 → 「　　」

答えは95ページ☞

LESSON 37

物語《ものがたり》④

月　日

とく点

点　合かく40点

●読んで、答えましょう。

①そうたとまみは暗《くら》いおし入れにかくれていました。今日はお母さんの誕生日《たんじょうび》。びっくりうれしい大作戦《だいさくせん》「お母さん、びっくりうれしい大作戦」。二人で②計画したのです。

まずお母さんが台所《だいどころ》で一番のカードを見つけ、そのカードにおふろに行くように書いてあり、そのあとげんかん、ベランダ、そして和室《わしつ》のおし入れとつづきます。二人はお母さんの足音に耳をかたむけていました。お母さんが近づいてきたら、おし入れを開《あ》け、プレゼントをわたすのです。

(1) ――①の理由《りゆう》をえらびましょう。（10点）

ア　お母さんに見つけてもらうため。

イ　お母さんの誕生日の計画を相《そう》談《だん》するため。

ウ　お母さんにしかられることからにげるため。

［　　］

(2) ――②の名前は何ですか。（20点）

［　　］

(3) ――②とありますが、最後《さいご》にお母さんが行く場所《ばしょ》はどこですか。（20点）

［　　］

答えは95ページ

やってみよう

＊下の漢字《かんじ》の読み方をひらがなで書いて、クロスワードをかんせいさせよう。

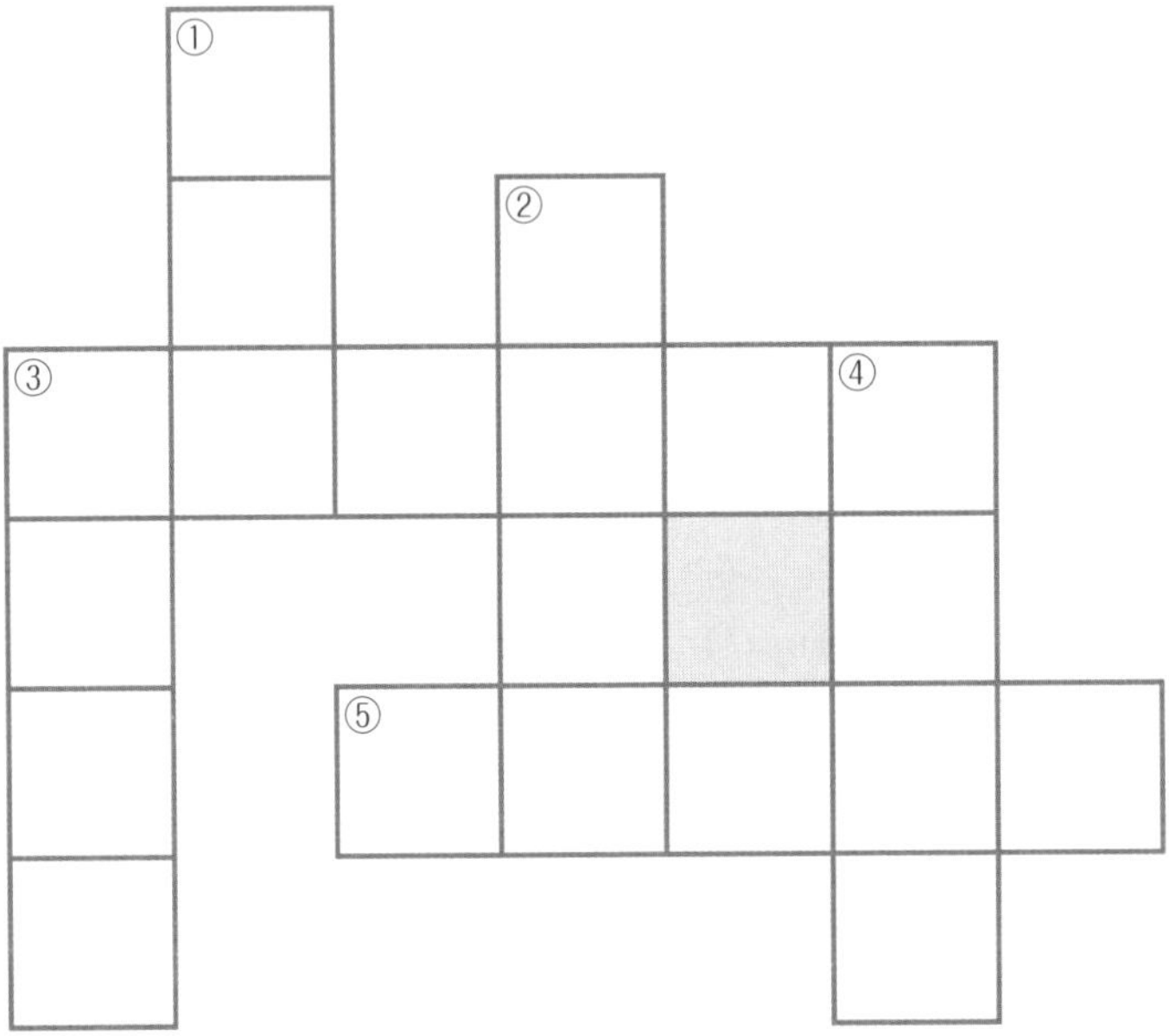

ヨコのかぎ

③ 始業式

⑤ 練　習

タテのかぎ

① 上　着

② 幸　運

③ 真　実

④ 気　球

答えは95ページ

LESSON 38

脚《きゃく》本《ほん》②

月　日
とく点　　点　合かく40点

● 読んで、答えましょう。

女の子　（小さな箱《はこ》を見つける。）
女の子　この箱なにかしら。
男の子　開《あ》けてみようか。
（二人が箱に手をかけたしゅんかん、中からネコのなき声がする。）
男の子　今、ニャアって聞こえたね。
（二人は箱を開ける。）
女の子　わあ、ネコの赤ちゃん。でも元気がないみたい……。
男の子　本当だ。このネコ、すてられたのかなあ。
（女の子がネコをだきかかえる。）
女の子　わたし、この子つれて帰る。

---

(1) ——とありますが、箱には何が入っていましたか。またそれはどんな様《よう》子《す》でしたか。（20点）一つ10

入っていたもの［　　　　］

様子［　　　　］

(2) 男の子は、箱の中に入っていた理《り》由《ゆう》をどう考えていますか。（20点）

［　　　　］

(3) 女の子は、箱の中に入っていたものをどうしようとしていますか。（10点）

［　　　　］

答えは95ページ

やってみよう

✱ 次《つぎ》の——の言葉《ことば》を、漢字《かんじ》と送《おく》りがなで書こう。

① 道にまよっていた子をたすける。
[　　　　]

② まったくこわくない話だ。
[　　　　]

③ 出かける前に身《み》なりをととのえる。
[　　　　]

④ おかしをひとしく分ける。
[　　　　]

⑤ 気《き》持《も》ちが顔にあらわれる。
[　　　　]

答えは95ページ ☞

説明文《せつめいぶん》④

月　日

とく点　　点　合かく40点

● 読んで、答えましょう。

地域《ちいき》によって住《す》まいのつくりにちがいがあるのを知っていますか。

寒《さむ》い地域では雪がふります。①雪おろしといって、屋根《やね》につもった雪で家がおしつぶされないよう、屋根の雪をのぞく作業《さぎょう》がひつようです。その手間を軽くするため、②屋根のかたむきが急《きゅう》になっています。

いっぽう、あたたかい地域では台風がよくきます。そのため、じょうぶなコンクリートづくりの家がならびます。

このように、③気候《きこう》によって住まいの形もちがうのです。

(1) ―①とありますが、どんな作業ですか。(10点)

[　　　　]

(2) ―②とありますが、なぜそうなっているのですか。(20点)

[　　　　]

(3) ―③とありますが、「あたたかい地域」の住まいについてまとめましょう。(20点)一つ10

[　　　　]ため、[　　　　]の家になっている。

答えは96ページ

やってみよう

✽次《つぎ》の——の言葉《ことば》を、漢字《かんじ》と送《おく》りがなで書こう。

① グループごとに決《き》まりごとをさだめる。［　　］

② 前からじゅんにプリントをくばる。［　　］

③ 大きくむねをそらす。［　　］

④ 水やりのため、朝早くおきる。［　　］

⑤ みじかい時間で終《お》わらせる。［　　］

答えは96ページ

記録文《きろくぶん》②

月　日
とく点　　点
合かく40点

● 読んで、答えましょう。

図書室で、一か月にかし出した本の学年ごとの冊数《さっすう》を調《しら》べました。じゅんいをつけると上から、二年、一年、四年、三年、五年、六年となりました。低学年《ていがくねん》の方が本をたくさんかり、高《こう》学年《がくねん》になるにつれてかりるのが少なくなることがわかりました。図書室の先生は、高学年になるとクラブや委員会《いいんかい》でいそがしくなるからかもしれない、とおっしゃっていました。いそがしくても本が読みたくなるような本のみりょくをつたえていけばいいのでは、と思いました。

(1) 何について調べましたか。（10点）

「　　　　」

(2) 調べたけっか、わかったこととその理由《りゆう》についてまとめましょう。（30点）一つ10

わかったこと

「　　」学年の方が「　　」学年より本をかりる冊数が少ない。

理由

「　　　　」

(3) 調べた感想《かんそう》として、どうしていけばよいと思いましたか。（10点）

「　　　　」

答えは96ページ

やってみよう

✱ 次《つぎ》の漢字《かんじ》の部首名《ぶしゅめい》をあとからえらび、記号《きごう》で答えよう。

① 陽〔　　〕

② 庭〔　　〕

③ 秒〔　　〕

④ 問〔　　〕

⑤ 客〔　　〕

⑥ 急〔　　〕

ア まだれ　イ うかんむり　ウ のぎへん

エ こころ　オ こざとへん　カ くち

答えは96ページ ☞

物《もの》 語《がたり》 ⑤

月　日

とく点　　点　合かく40点

● 読んで、答えましょう。

みかは［①］と一人、学校から帰っていました。今日、学校でなかよしのかなちゃんとけんかしたのです。けんかは小さなものでした。おにぎりの中身《なかみ》はシャケがすきなのに、かなちゃんはシャケなんかへんだと言うのです。おにぎりの中身なんてどうでもいいのに……。ふと、顔をあげると、かなちゃんがこっちを見て立っているのが見えました。

「今日はごめんね！」

重《かさ》なった言葉《ことば》に、二人は思わずわらいだしました。

(1) ［①］に入る言葉《ことば》をえらびましょう。（10点）

ア　どかどか　　イ　ずんずん

ウ　とぼとぼ

［　　］

(2) ――②のきっかけは何ですか。（20点）

［　　］

(3) ――③の理由《りゆう》を書きましょう。（10点）

［　　］

(4) ――④とありますが、なぜですか。（10点）

ア　二人同時にあやまったから。

イ　二人ともゆるしあったから。

ウ　二人同時に帰っていたから。

［　　］

答えは96ページ

やってみよう

＊次《つぎ》の漢字《かんじ》の部首名《ぶしゅめい》をあとからえらび、記号《きごう》で答えよう。

① 登〔　　〕

② 追〔　　〕

③ 港〔　　〕

④ 拾〔　　〕

⑤ 都〔　　〕

⑥ 美〔　　〕

ア さんずい　**イ** ひつじ　**ウ** しんにょう・しんにゅう

エ おおざと　**オ** てへん　**カ** はつがしら

答えは96ページ

詩《し》 ③

月　日
とく点
点／合かく40点

● 読んで、答えましょう。

おはじき

金子みすゞ(ず)

空いっぱいのお星さま、
きれいな、きれいな、①おはじきよ。
［②］、とおはじき、まきました。
どれから、取《と》ってゆきましょか。
あの星　はじいて　こう当てて、
あれから　あの星　こう取って。
取っても取ってもなくならぬ、
空のおはじき　お星さま。

(1) ──①は、何を言いかえたものですか。(20点)
［　　　　　　　　］

(2) ［②］に入る言葉《ことば》をえらびましょう。(10点)
ア ぱらり　イ ゆらり
ウ ちらり
［　　］

(3) この詩《し》では、どのような表現《ひょうげん》の工夫《くふう》がありますか。(20点)
ア 問いかけの形で書き、読み手に考えさせる工夫をしている。
イ 読み手に話しかけるように書いて、共感《きょうかん》をさそっている。
ウ 同じ音数の言葉をならべて、リズムを生んでいる。
［　　］

答えは96ページ

やってみよう

✿ 次《つぎ》の□にあてはまる言葉《ことば》を、□からえらんで答えよう。

① ぼくの本を友達《ともだち》□□返《かえ》してもらう。

② わたし□とくぎは、ピアノです。

③ 明日は、雨□風が強《つよ》い一日になるでしょう。

④ スーパーは朝十時□開店《かいてん》する。

⑤ 今日《きょう》の宿題《しゅくだい》は国語のプリント□□だ。

と	から	だけ	の	に

答えは96ページ ☞

LESSON 43

説明文《せつめいぶん》⑤

月　日

とく点　　点　合かく40点

● 読んで、答えましょう。

ふだん何気なく使《つか》っている日本語ですが、同じ言葉《ことば》でも意味《いみ》が一つではないものがたくさんあります。

たとえば、「おかしい」。「ここにあったのに、おかしい」といえば「へんだ」、「この話はとてもおかしい」といえば「①」、「このきかいはどこかおかしい」といえば「②」という意味になります。

同じ言葉でも使い方をあやまると、意味を取《と》りちがえられて③ごかいを生むかもしれません。言葉を正しく使うよう、気をつけたいですね。

(1) ①・②に入る言葉をえらびましょう。（20点）一つ10

ア まともだ　イ こわれている　ウ 美しい　エ おもしろい

①［　　］　②［　　］

(2) ――③とありますが、なぜですか。（10点）

［　　　　］

(3) この文章《ぶんしょう》の話題《わだい》をえらびましょう。（20点）

ア いろいろな言葉の意味

イ ごかいを生む言葉

ウ 正しい言葉づかい

［　　］

答えは96ページ

やってみよう

✽ 次《つぎ》の——の漢字《かんじ》の読み方を書こう。

① 大豆を食べる。
［　　　］

② 登山にいどむ。
［　　　］

③ 悲しい歌が流《なが》れる。
［　　　］

④ 両親と出かける。
［　　　］

⑤ 進路を決《き》める。
［　　　］

⑥ 広場の中央に立つ。
［　　　］

⑦ かれの行動《こうどう》は悪だ。
［　　　］

⑧ 番号ふだをもらう。
［　　　］

答えは96ページ ☞

物《もの》語《がたり》⑥

月　日
とく点
点
合かく40点

●読んで、答えましょう。

ここは何でも作る何でも屋《や》。主人《しゅじん》のネズミ、チュウは今日もせっせと仕事《しごと》をしていました。そこへ、ネコのミケがやってきました。①チュウは注文《ちゅうもん》を聞いてこまりました。考えに考えたあとチュウは意《い》を決《けっ》して

②「はい、できました。」

と元気いっぱいに両手《りょうて》をさし出しました。何もありません。ミケは不《ふ》安《あん》そうにチュウを見ました。

「友達《ともだち》は、わたしです。」

それを聞いて、③ミケの顔がほころびました。

(1) ——①とありますが、ミケの注文を書きましょう。(20点)

[　　　　]

(2) ——②のチュウの気持《きも》ちをえらびましょう。(10点)

ア 気に入られるか不安な気持ち
イ 自信《じしん》があり、ほこらしい気持ち
ウ 得意気《とくいげ》にじまんする気持ち

[　　]

(3) ——③からわかる、ミケの気持ちの変化《へんか》をまとめましょう。(20点)一つ10

[　　　　]な気持ちから[　　　　]気持ちになった。

答えは96ページ

やってみよう

次《つぎ》の□に漢字《かんじ》を書こう。

① □《みずうみ》の見える□《やど》にとまる。

② □□《りゅうこう》している歌を□《しら》べる。

③ 父の仕事《しごと》の□□《つごう》で□□《てんこう》する。

④ □□《しんみ》になって□□《そうだん》を聞く。

⑤ □□《きゅうこん》を□《そだ》てる。

④「しんみ」とは、家族《かぞく》のように、やさしく気づかうことだよ。

答えは96ページ

LESSON 45 説明文《せつめいぶん》⑥

月　日
とく点
点　合かく 40点

●読んで、答えましょう。

生活ごみのリサイクルはよく耳にしますが、リサイクルは生活ごみだけではありません。

[①]農業《のうぎょう》。農作物《のうさくぶつ》をしゅうかくしたあとのわらやしゅうかくくずは、牛やぶたなど家ちくのえさとなり、②それを食べて出たふんやにょうがたいひというひりょうになり、ふたたび農作物へ利用《りよう》されます。

リサイクルはごみをごみとせずふたたびしげんとするので、自然《しぜん》かんきょうを守《まも》るという③意義《いぎ》ある行動《こうどう》なのです。

(1) [①]に入る言葉《ことば》をえらびましょう。（10点）

ア　なぜなら　　イ　そして
ウ　たとえば

［　　］

(2) ②が指《さ》すものを書きましょう。（10点）

［　　］

(3) ③の意味《いみ》をえらびましょう。（10点）

ア　興味《きょうみ》ある　　イ　かちある
ウ　ゆめある

［　　］

(4) ③といえる理由《りゆう》を書きましょう。（20点）

［　　］

答えは96ページ

45 説明文 ⑥

やってみよう

✱ 次《つぎ》の□に漢字《かんじ》を書こう。

① フライパンに□《あぶら》を□《そそ》ぐ。

② ほんの□□《すうびょう》の差《さ》で□《ま》けた。

③ □□《せいれつ》して□《ま》つ。

④ かい犬の□《し》を□《かな》しむ。

⑤ □□□《たんきかん》で□□《けんきゅう》を終《お》える。

③の「せいれつ」は、「れつをととのえること」だよ。

答え

読解力3年

まちがえたところは，もう一度《いちど》見直そう！

① 言葉の意味 ①

(1)ア　(2)ウ　(3)イ

考え方 (3)「ひざがわらう」とは、「つかれてひざががくがくする」という意味です。文の流《なが》れにも注意《ちゅうい》しましょう。

「やってみよう」の答え

①ぼくは・行った
②夕食は・カレーライスだ
③科目は・体育だ
④妹は・休んだ
⑤花が・さいた

② 言葉の意味 ②

(1)ア　(2)一〇　(3)イ

考え方 (1)「耳ざわり」とは、「聞いていやな気持《きも》ちになる」という意味です。(3)「さまざまで」とは、それぞれがちがっていることです。

①おもしろい　②うすい
③いそがしい
④ほしかった　⑤赤い

③ こそあど言葉をおさえる ①

(1)イ
(2)学校のうらにある
(3)(たくさんの)どんぐり(の実)
(4)どこ

考え方 (2)後の部分《ぶぶん》に注目《ちゅうもく》しましょう。どの部分のことか、あてはめてみましょう。

①軽い　②来る　③かけた
④番が　⑤ふる

④ こそあど言葉をおさえる ②

(1)春、夏、秋、冬
(2)春のさ～冬の雪
(3)(れい)きせつごと
(4)イ

考え方 (3)「昔の人の思いにふれられる」ものです。

①つか　②りゆう
③はつばい　④しなもの
⑤ようす　⑥ふで
⑦み　⑧あ

⑤ つなぎ言葉をおさえる ①

(1)ウ
(2)②ウ　③イ
(3)イ

考え方 (1)「でも」は前の事《こと》がらから予想《よそう》されることとはちがう事がらがつづくときに使うつなぎ言葉です。

①商談・整　②病院・飲
③野球・勝　④軽・荷物
⑤農作物・運

⑥ つなぎ言葉をおさえる ②

(1)さいがい対策
(2)ア
(3)命の対策　(4)ウ

考え方 (3)すぐあとにある「いわば」に注目《ちゅうもく》します。「いわば」は前の事《こと》がらについてのれいをあげたものです。

①駅前・本屋　②庭・育
③自転車・乗
④皿・使用　⑤委員会・開

⑦ 場面を読み取る

(1) 春
(2) ウ
(3) (右から)二・一

考え方 (1)二段落《だんらく》目に「あの日」のきせつが書かれています。

①柱　②客　③員　④星

⑧ あらすじをつかむ

(1) カーテンを開けた。
(2) お弁当、お茶、シート、おしぼり、おやつ(順番《じゅんばん》は入れかわってもよい)
(3) ゆうとくん
(4) ラムネ

考え方 (3)かずやの心の中の声をヒントにします。

①ど	う	②さ			
		③か	い	が	ん
④あ	じ	み			
		⑤ち	ゃ	く	⑥ち
					ゅ
					う
					い

⑨ 話題を読み取る

(1) (れい)動物はなぜ動くことができるのか。
(2) ①ほね　②筋肉
(3) ウ

考え方 (1)文の最初《さいしょ》で疑問《ぎもん》を投《な》げかけ、そこから本文が始《はじ》まっています。

①水　②ちょう
③ぼうし
④落とし物
⑤先生・話

⑩ 説明のじゅんじょをつかむ

(1) ウ→イ→ア
(2) ふっとう
(3) (れい)かたまる。

①作る
②なる
③帰る
④ならぶ
⑤遊ぶ

⑪ まとめテスト①

(1) 三日　(2) イ
(3) たくさんのてるてるぼうず
(4) ア

考え方 (2)前の事《こと》がらから次《つぎ》の事がらをみちびくはたらきを持《も》ちます。

①暗い・しずかだ
②かわいい・親切だ
③おもしろい・楽しい
④明るい・美しい
⑤いそがしい・大変だ

⑫ まとめテスト②

(1) ア
(2) (れい)酸素を作ってくれるもの。
(3) (れい)植物が酸素を作ってくれるから。

①薬・役
②送・想
③洋・羊

⑬ 気持ちを読み取る①

(1) あこがれ
(2) ゆるしてくれない
(3) イ

考え方 (3)勝手《かって》に持ち出したことをお姉ちゃんに知られたらどうなるかを心配《しんぱい》しています。

①館・感・寒
②注・柱

⑭ 気持ちを読み取る②

(1) イ
(2) ウ
(3) ゆみこの心はほんわかあたたかくなりました。

考え方 (1)かぜをひいて雪遊びができないゆみこの気持ちを考えます。

①もう　②そくど
③だいひょう　④へいわ
⑤どうわ　⑥はな
⑦よしゅう　⑧しんりょく

⑮ 気持ちを読み取る ③

(1)(れい)めずらしい虫を見つけるため。
(2)ウ
(3)イ

①線路・遊 ②美・詩
③問題・写 ④新品・筆
⑤麦畑・一面

⑯ 理由をおさえる ①

(1)NきょくとSきょく・ちがう・同じ
(2)磁石のせいしつ
(3)(れい)黒板は鉄でできているから。

考え方 (3)空きかん回収機は磁石のどんなせいしつを利用したものかを考えます。

①銀行・向 ②係・決
③酒屋・始 ④温水・泳
⑤学級会・発表

⑰ 理由をおさえる ②

(1)ほどよい温度・しめり気・ほうふなえいよう(順番《じゅんばん》は入れかわってもよい) (2)ア (3)水分のわりあいが少なくなるから。

考え方 (3)しおは、水分を外に出すはたらきがあるということもヒントになります。

①事 ②理 ③足 ④前

⑱ 理由をおさえる ③

(1)さえぎる物・反対がわ
(2)太陽がしずむこと。 (3)ウ

考え方 (3)太陽の光があればかげが出ます。光がなければかげは出ません。

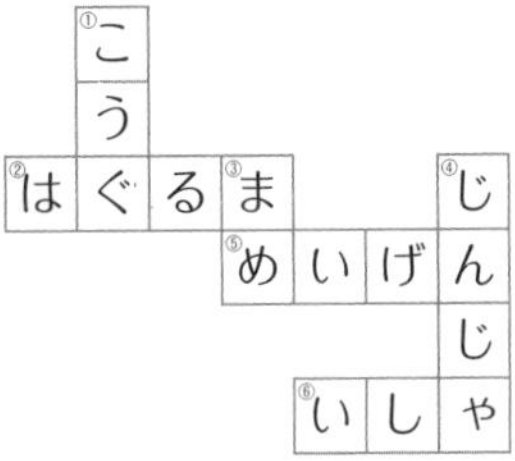

⑲ 大事なことを読み取る ①

(1)シロツメクサがさいた
(2)シロツメクサ
(3)ウサギのミミコ
(4)1

考え方 (3)ムンタが思い出したことから考えます。

①代える・帰る
②早く・速く
③明ける・開ける

⑳ 大事なことを読み取る ②

(1)(れい)たけるの小さな車を直すため。
(2)手のひらに乗るくらい小さな車のプラモデル。
(3)こわれた (4)ア

考え方 (1)次のさとしの心の言《こと》葉《ば》から考えます。

①着る・切る
②追う・負う
③合う・会う

㉑ 大事なことを読み取る ③

(1)当事者をきずつける
(2)ひょうしき
(3)ア

考え方 (1)「さけられません」は、「かならずそうだ」という意味になります。(3)本文とよくてらし合わせて考えます。

①習う ②曲がる ③苦い
④温かい ⑤実る ⑥育む

㉒ 大事なことを読み取る ④

(1)再利用できるしげん
(2)紙・かん
(3)かんきょう・生活

考え方 (2)何がれいで、何が説《せつ》明《めい》かを考えながら読みましょう。(3)文の終《お》わり二文に、いちばんいいたいことが書かれています。

①重ねて ②化ける
③祭り ④幸せ
⑤植える ⑥向かう

㉓ まとめテスト③

(1)(れい)かさを持って行ってあげて

(2)ウ

(3)お父さん　(4)ア

考え方　(2)前の文のさきの様子《ようす》から気持ちを考えます。

①ふく　②お　③さかみち

④ぜんぶ　⑤わだい

⑥きょねん　⑦はなぢ

⑧やね

㉔ まとめテスト④

(1)(れい)温度が上がって水じょう気になる

(2)イ→ウ→エ→ア

(3)イ

考え方　(2)じゅんを追《お》って、ていねいに話を読み取《と》ります。

①一列・行進

②花畑・写真　③返品・受

④黒板・消　⑤葉・拾

㉕ 物語①

(1)ア

(2)イ

(3)虫歯

考え方　(3)最後《さいご》の一文にニッチが歌えない理由が書いてあります。

①運動会・感想

②主役・登場　③陽気・笛

④植物・学習　⑤県・本州

㉖ 詩①

(1)まぶしい光の世界

(2)イ

(3)ウ

考え方　(3)「うっすら光がさしこんで」「空が白くかがやき出し／町は光を取りもどす」から、「夜明け」を表した詩だとわかります。

①木　②氵　③宀

④艹　⑤心

㉗ 説明文①

(1)イ

(2)(れい)花のみつをすうこと。

(3)花粉・別の花・花粉

考え方　(3)文章《ぶんしょう》の終《お》わりの三文に受粉について理由《りゆう》が書かれています。

①り				
②そ	う	③だ	ん	
う		い		④ち
		め		ょ
	⑤た	い	よ	う
				れ
		⑥じ	か	い

㉘ 短歌

(1)ウ　(2)ア　(3)夏

考え方　①は自然《しぜん》の様子から秋のおとずれを感じたことを、②は黄金のひまわりのそんざいが太陽のそんざいよりも大きく感じることをよんでいます。

①エ　②ア　③オ

④イ　⑤ウ

㉙ 物語②

(1)(れい)泳げない人は夏休みに補習があるから。泳げたらお父さんとサッカーかんせんに行くやくそくをしたから。(順番《じゅんばん》は入れかわってもよい)

(2)ウ　(3)ア

考え方　(3)泳げたたっせい感から、太陽においわいされたように感じています。

①イ　②ウ　③オ　④ア

⑤エ

㉚ 俳句

(1)五・七・五

(2)(番号)③・④　(きせつ)秋

(3)②

考え方　(2)②は「名月」から秋です。それぞれの俳句の言葉《ことば》の中からきせつを考えます。①は冬です。

①三　②九　③三　④六

⑤五

㉛ 説明文②

(1)つたえる・受け取る(順《じゅん》番《ばん》は入れかわってもよい)
(2)じょうほうを正しくはんだんする目を持つこと。
(3)ウ

考え方 (2)最後《さいご》の一文にじょうほう化社会で大切なことが書かれています。

①イ ②ア ③エ ④イ
⑤ウ

㉜ 脚本①

(1)ア
(2)ブタの家(においのするほう)
(3)ブタ・(れい)クッキーを全部うばう

考え方 (1)登場人物《とうじょうじんぶつ》の話す言葉《ことば》は「せりふ」といいます。

①エ ②ア ③イ ④オ
⑤ウ

㉝ 物語③

(1)ウ
(2)(どこかの)大学生の集団
(3)(れい)せきをかわるべきだとわかっているのに、勇気がでないでいるから。

①じゅうしょ ②しんか ③ちょうせい ④ま
⑤ころ ⑥ゆらい ⑦みどりいろ ⑧はなうた

㉞ 記録文①

(1)(れい)オタマジャクシがどのようにカエルになるのかについて。
(2)一か月くらい
(3)足が生えてから手が生える。
(4)(れい)しっぽのあるカエルが見られたこと。

①太陽・重 ②平和・平等
③館内放送・流
④転・出血 ⑤王宮・勉強

㉟ 説明文③

(1)イ
(2)農業だけを仕事とする
(3)(れい)日本が工業国となり、都会ではたらく人がふえているから。・農業をいとなむ人の年れいが高くなってきているから。(順《じゅん》番《ばん》は入れかわってもよい)
(4)わか者の農業ばなれをくいとめる

①洋服・礼 ②都合・待
③予定・日記帳
④味・研究 ⑤鉄・曲

㊱ 詩②

(1)(れい)大きくなった・小さくなった
(2)ランドセル
(3)ウ (4)イ

①暗 ②意 ③想
④昭 ⑤具

㊲ 物語④

(1)ア
(2)お母さん、びっくりうれしい大作戦
(3)(和室の)おし入れ

	①う					
	わ		②こ			
③し	ぎ	ょ	う	し	④き	
ん			う	■	き	
じ		⑤れ	ん	し	ゅ	う
つ					う	

㊳ 脚本②

(1)ネコ(の赤ちゃん)・元気がない様子。
(2)すてられたと考えている。
(3)家につれて帰ろうとしている。

考え方 二人の会話に注意《ちゅうい》しながら読み取《と》ります。

①助ける ②全く ③整える
④等しく ⑤表れる

㊴ 説明文④

(1)屋根の雪をのぞく作業。
(2)雪おろしの手間を軽くするため。
(3)台風がよくくる・じょうぶなコンクリートづくり

考え方 「寒い地域」と「あたたかい地域」の住まいのちがいをていねいに読み取《と》ります。

①定める ②配る ③反らす ④起きる ⑤短い

㊵ 記録文②

(1)図書室で一か月にかし出した本の学年ごとの冊数。
(2)(わかったこと)高・低
(理由)クラブや委員会でいそがしくなるから。
(3)本のみりょくをつたえていけばいいと思った。

①オ ②ア ③ウ ④カ
⑤イ ⑥エ

㊶ 物語⑤

(1)ウ
(2)おにぎりの中身
(3)(れい)みかにあやまるため。
(4)ア

考え方 (4)「重なった言葉」とは、二人同時に言葉を発《はっ》したことを表《あらわ》しています。

①カ ②ウ ③ア ④オ
⑤エ ⑥イ

㊷ 詩③

(1)お星さま
(2)ア
(3)ウ

考え方 (3)「四・四・五」の音数の言葉をくり返《かえ》すことで、リズム感が出ています。

①から ②の
③と ④に
⑤だけ

㊸ 説明文⑤

(1)①エ ②イ
(2)(れい)同じ言葉でも使い方をあやまると意味を取りちがえられるかもしれないから。
(3)ウ

考え方 (3)最後《さいご》の一文に、言いたいことが書かれています。

①だいず ②とざん
③かな ④りょうしん
⑤しんろ ⑥ちゅうおう
⑦あく ⑧ばんごう

㊹ 物語⑥

(1)(れい)友達がほしいということ。
(2)イ (3)不安・うれしい

考え方 (3)「顔がほころぶ」は、「笑顔《えがお》になる」ことです。

①湖・宿 ②流行・調
③都合・転校
④親身・相談 ⑤球根・育

㊺ 説明文⑥

(1)ウ
(2)農作物をしゅうかくしたあとのわらやしゅうかくくず
(3)イ
(4)(れい)ごみをごみとせずふたたびしげんとするから。

考え方 (4)最後《さいご》の段落《だんらく》に「リサイクル」の意義が書かれています。

①油・注 ②数秒・負
③整列・待 ④死・悲
⑤短期間・研究